Haie

Die Räuber
der sieben Meere

Ravensburger Buchverlag

Inhalt

Grauer Riffhai bei der Jagd

Graue Riffhaie im Bikini-Atoll
des Pazifiks (links)

Was sind Haie?

Haie gehören zu den Fischen. Wir kennen rund 400 verschiedene Haiarten, die fast alle im Meer vorkommen. Nur wenige Haie leben in Flüssen.

Die kleinen Fische fühlen sich in der Nähe des riesigen Walhais sicher und geschützt.

Große Haie, kleine Haie

Haie gelten als mächtige, Furcht erregende Killer. Dabei gibt es nur etwa 80 Arten, die größer werden als ein Mensch. Ein durchschnittlicher Hai erreicht gerade 60–90 cm Länge. Während der Walhai so lang ist wie ein Bus, wird der Zwerghai höchstens so groß wie eine Banane.

Viele Formen

Am bekanntesten sind die grauen Haie mit lang gestreckten, stromlinienförmigen Körpern. Es gibt aber auch ganz anders geformte Arten: Die Hammerhaie haben charakteristische, abgeflachte Köpfe und einige Meereshaie liegen mit ihren platten Körpern auf Grund.

Dieser Engelshai hat einen flachen Körper.

Bogenstirn-Hammerhai

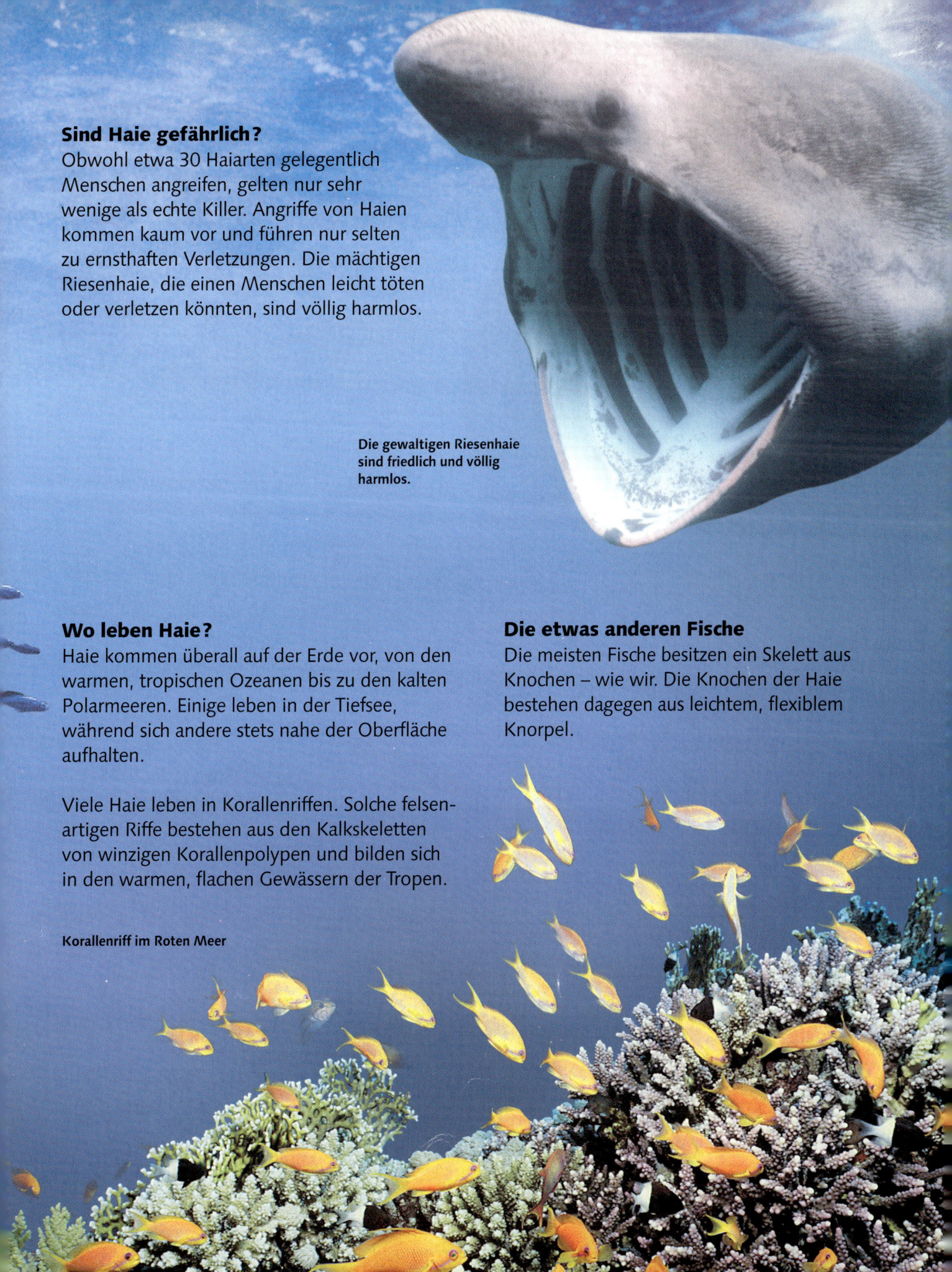

Sind Haie gefährlich?

Obwohl etwa 30 Haiarten gelegentlich
Menschen angreifen, gelten nur sehr
wenige als echte Killer. Angriffe von Haien
kommen kaum vor und führen nur selten
zu ernsthaften Verletzungen. Die mächtigen
Riesenhaie, die einen Menschen leicht töten
oder verletzen könnten, sind völlig harmlos.

**Die gewaltigen Riesenhaie
sind friedlich und völlig
harmlos.**

Wo leben Haie?

Haie kommen überall auf der Erde vor, von den
warmen, tropischen Ozeanen bis zu den kalten
Polarmeeren. Einige leben in der Tiefsee,
während sich andere stets nahe der Oberfläche
aufhalten.

Viele Haie leben in Korallenriffen. Solche felsen-
artigen Riffe bestehen aus den Kalkskeletten
von winzigen Korallenpolypen und bilden sich
in den warmen, flachen Gewässern der Tropen.

Korallenriff im Roten Meer

Die etwas anderen Fische

Die meisten Fische besitzen ein Skelett aus
Knochen – wie wir. Die Knochen der Haie
bestehen dagegen aus leichtem, flexiblem
Knorpel.

Der Körper der Haie

Obwohl die einzelnen Haiarten äußerlich ganz unterschiedlich aussehen, haben sie doch viele Gemeinsamkeiten.

Ein typischer Hai

Die hier abgebildeten Haie sehen so aus, wie man sich einen typischen Hai vorstellt: Sie haben einen stromlinienförmigen Körper, mit dem sie schnell und elegant durch das Wasser gleiten können.

Haihaut

Die Haut von Haien ist mit winzigen, dornartigen Hautzähnchen, auch Dentikel genannt, besetzt, die sich rau anfühlen und den Hai vor Verletzungen schützen.

So sehen die Hautzähnchen eines Hais aus der Nähe aus.

Die beiden Karibischen Riffhaie schwimmen Seite an Seite. Die meisten ihrer hier vorgestellten Körperteile findet man auch bei den anderen Haien.

Viele Haie haben spitze Schnauzen; damit gleiten sie glatt und leicht durch das Wasser.

Die Schlitze sind die Kiemenspalten. Darunter sitzen die Kiemen, mit denen die Haie atmen.

Eine der beiden Bauchflossen. Sie entsprechen in etwa den Hinterbeinen anderer landlebender Tiere.

Haie besitzen eine oder zwei Rückenflossen.

oberer Lappen

Eine der beiden Brustflossen; sie sitzen rechts und links des Körpers. Die Brustflossen entsprechen in etwa den Vorderbeinen anderer land-lebender Tiere.

unterer Lappen

Die Schwanzflossen von Haien sind in einen oberen und einen unteren Lappen geteilt.

Haiflossen

Die Flossen sind die wichtigsten Körperteile des Hais. Während andere Tiere Vorder- und Hinter-beine besitzen, haben Haie Brust- und Bauchflossen. Damit steuern sie und halten im Wasser Balance.

Besonders bekannt sind Haie für ihre dreieckigen Rückenflossen, die manchmal aus dem Wasser ragen.

Wenn seine Rückenflosse aus dem Wasser ragt, kann man einen Hai sofort erkennen.

So schwimmen Haie

Obwohl Haie sehr unter-
schiedliche Geschwindig-
keiten erreichen,
benutzen sie alle die
gleiche Schwimm-
technik. Haie müssen
schwimmen, um
Nahrung zu finden
und zu fliehen, falls
sie sich von anderen
Tieren bedroht fühlen.

Kräftige Haie

Bei einem Makohai sind die
Abschnitte der Schwanzflosse
gleich groß; sein Schwanz
erinnert an einen Halbmond.

Ein Weißspitzen-Hochseehai
schwimmt knapp unter der
Meeresoberfläche.

Besonders schnell schwimmende Haie
haben große, halbmondförmige Schwanzflossen, die einen starken Vortrieb
erzeugen.

Schwimmstil

Beim Schwimmen schlagen Haie kräftig
mit ihrem Schwanz hin und her. Dabei
drückt die Schwanzflosse gegen das Wasser
und erzeugt eine starke Kraft (Vortrieb),
die den Hai nach vorne schießen lässt.

Da der Körper sich abwechselnd nach rechts
und links krümmt, erinnert die Form eines
schwimmenden Hais an ein „S".

Der Hai bewegt sich mit
kräftigen Schlägen seines
Schwanzes durch das Wasser.

Fantastische Flossen

Die Brust- und Bauchflossen eines Hais arbeiten wie die Flügel eines Flugzeugs. Wasser, das über sie hinwegstreicht, erzeugt einen Auftrieb – der Hai kann nicht absinken. Winkelt er seine Flossen etwas an, steigt der Hai zur Oberfläche.

Dieser Hai hat seine Brustflossen leicht angewinkelt um schneller aufsteigen zu können.

Der Blauhai steigt zur Oberfläche empor.

Ein Nördlicher Glatthai krümmt seinen biegsamen Körper und dreht sich blitzschnell herum.

Kriechende Haie

Einige Haie haben sich sogar an ein Leben auf dem Meeresboden angepasst. Sie können sich mit ihren Brustflossen abstützen und kriechen.

Ein Ammenhai stützt sich mit der Brustflosse vom Boden ab.

Drehen und Anhalten

Einige Haie können ihren Körper zu einem „U" drehen, wenn sie plötzliche Wendungen ausführen wollen. Weniger elastische Arten neigen die Brustflossen und bewegen ihren Körper auf einer sanften Kurve in die neue Richtung.
Um anzuhalten, stellen Haie ihre Brustflossen schräg, sodass der Widerstand des Wassers sie abbremst.

Die Sinne der Haie

Die hoch entwickelten Sinne der Haie sind an ein Leben unter Wasser angepasst. Mit Hilfe ihrer Sinne weichen sie Raubtieren aus und suchen selbst nach Beute.

Die Beute im Blick

Wenn Haie ein Opfer angreifen, könnten sie sich verletzen. Daher werden die Augen mancher Haie, wie die des Weißspitzen-Hochseehais durch eine Hautschicht, die Nickhaut, geschützt.

Das Auge dieses Weißspitzen-Hochseehais wird durch eine Nickhaut geschützt.

Sehen

Eine reflektierende Schicht hinter dem Auge lässt Haiaugen in der Nacht aufleuchten.

Haie können gut sehen. Mit Hilfe einer reflektierenden Schicht hinter dem Auge (Tapetum lucidum) können sie auch in tiefem, dunklem Wasser sehen. Die Schicht wirkt ähnlich wie ein Spiegel und verstärkt das schwache Licht.

Blinder Angriff

Einigen Haien fehlt die Schutzhaut über dem Auge. Stattdessen rollen sie ihre Augen vor dem Angriff in die Höhlen zurück. Unmittelbar vor dem Biss können sie ihre Beute daher gar nicht mehr sehen.

Hören

Die Ohren eines Hais sitzen im Kopf
auf beiden Seiten des Gehirns.
Damit hören sie besonders gut tiefe
Töne mit niedriger Frequenz.

**Haie hören die Töne eines
Motorbootes noch aus großer
Entfernung.**

Riechen

Die Nasenlöcher sitzen zu beiden Seiten der
Schnauze. Haie atmen zwar nicht durch die
Nase, riechen aber sehr gut: Beim Schwimmen
dringt Wasser durch die Nase ein und strömt
über eine Riechschleimhaut.

**Mit seinen großen Nasenlöchern
kann der Karibische Riffhai Fische
im Wasser aufspüren.**

Guter und schlechter Geschmack

Die Geschmacksknospen der Haie sitzen
im Gaumen und auf der Zunge. Auf diese
Weise können sie ihre Nahrung schmecken
und entscheiden, was sie essen und was
nicht. Dennoch gibt es einige Haie, die auch
Abfälle wie Konservendosen, Plastiktüten und
Flaschen schlucken.

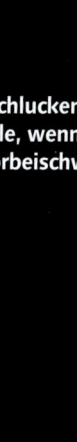

**Manche Haie schlucken aus
Versehen Abfälle, wenn sie an
einem Schiff vorbeischwimmen.**

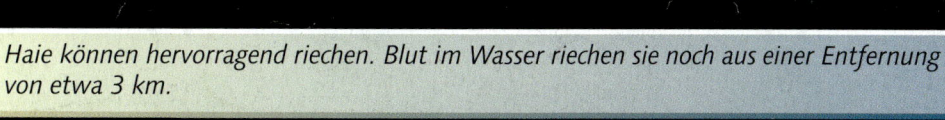

*Haie können hervorragend riechen. Blut im Wasser riechen sie noch aus einer Entfernung
von etwa 3 km.*

Die besonderen Sinne der Haie

Einige ungewöhnliche Sinnesorgane machen Haie zu hervorragenden Jägern. Sie können nicht nur die Bewegungen von nahen Beutetieren spüren, sondern sogar die schwachen elektrischen Signale, die ihre Opfer aussenden.

Elektrische Detektive

Alle Tiere erzeugen in Muskeln und Nerven sehr schwache elektrische Ströme. Diese Signale nehmen Haie durch kleine Löcher oder Poren auf ihrer Schnauze wahr. So können sie Beutetiere aufspüren.

Die schwarzen Punkte auf der Schnauze des Sandtigerhais sind Poren, mit denen er elektrische Signale aufspürt.

Bisse auf Metall

Manchmal greifen Haie Dinge aus Metall an, weil Metall im Salzwasser schwache elektrische Ströme erzeugt. Die Haie sind verwirrt, halten das Metall für eine Beute und packen zu.

Ein Weißer Hai wird von den elektrischen Signalen des Tauchers und seines schützenden Käfigs angelockt.

Beute spüren

Haie können die Nähe eines Raubtieres oder einer Beute spüren, ohne sie zu sehen. In Röhren (Seitenlinien) unter ihrer Haut sitzen feine Tasthärchen. Wenn ein Tier das Wasser bewegt, bewegen sich diese Härchen und der Hai wird aufmerksam.

Die rote Linie zeigt die Lage der empfindlichen Seitenlinien, mit denen Haie Bewegungen im Wasser spüren. Seitenlinien befinden sich auf beiden Körperseiten.

Verborgene Leckerbissen

Einige auf dem Meeresboden lebende Haie finden ihre Nahrung mit dem Tastsinn. Am Ende ihrer Schnauzen sitzen Tastfortsätze, die so genannten Barteln. Damit durchstöbern sie den Boden nach Beutetieren, die sich eingegraben haben.

Fühlen und Schmecken

Auf den Barteln sitzen kleine Geschmacksknospen, sodass Haie die Nahrung nicht nur ertasten, sondern gleich schmecken, ob sie essbar ist.

Beim Epaulettenhai sitzen die Barteln an der Spitze der Schnauze.

Atmen unter Wasser

Alle Tiere brauchen Sauerstoff zum Leben. Land- und auch einige Meerestiere atmen Luft in ihre Lungen ein. Haie und andere Fische nehmen den Sauerstoff dagegen über ihre Kiemen aus dem Wasser auf.

Schwimmen und Atmen

Sehr aktive Haie schwimmen ständig umher. Dabei strömt Wasser durch ihr geöffnetes Maul herein. Es fließt über die Kiemen und dann durch die offenen Kiemenspalten wieder hinaus. Die Kiemen werden von feinen Blutgefäßen durchzogen, die den Sauerstoff direkt aus dem Wasser aufnehmen.

Weißhaie sind sehr aktiv und brauchen entsprechend viel Sauerstoff.

Der Riffhai öffnet das Maul und lässt Wasser einströmen.

Auf und zu

Haie, die nicht dauernd unterwegs sind, nutzen eine andere Atemtechnik. Sie öffnen das Maul bei geschlossenen Kiemenspalten und saugen Wasser ein. Dann schließen sie das Maul und drücken das Wasser über die Kiemen durch die nun geöffneten Kiemenspalten wieder hinaus.

Er schließt sein Maul und drückt das Wasser durch die Kiemenspalten hinaus.

Da Wasser viel weniger Sauerstoff enthält als Luft, müssen Haie ständig Wasser über ihre Kiemen fließen lassen.

Haie mit Spritzloch

Einige Haie verbringen die meiste Zeit auf dem Meeresgrund. Sie können kein Wasser durch das Maul aufnehmen, weil ihre Kiemen sonst mit Sand und Schlamm verschmutzen würden. Hinter ihren Augen sitzt ein „Spritzloch", mit dem sie Wasser einsaugen, zu den Kiemen leiten und durch die Kiemenspalten wieder ausblasen. Auf diese Weise können sie sogar atmen, wenn sie sich halb im Sand eingegraben haben.

Spritzloch

Dieser Golf-Katzenhai liegt auf dem Meeresboden und atmet durch sein Spritzloch.

Schlafende Riffhaie

Manchmal müssen sich auch sehr aktive Haie auf dem Meeresboden ausruhen. Wenn sich Karibische Riffhaie dazu auf den Boden legen, benutzen sie keine Spritzlöcher, sondern saugen ganz normal Wasser durch das Maul ein.

Ein Karibischer Riffhai ruht sich tagsüber auf dem Meeresboden aus.

Zähne und Nahrung

Viele Haie haben bedrohlich aussehende Zähne. Bei einigen können die Zähne jedoch auch stumpf und flach sein, und wieder andere besitzen nur winzige Zähnchen, mit denen sie gar nicht zubeißen. Immer jedoch sind die Zähne eines Hais an seine Nahrung angepasst.

Die Zähne eines Weißhais sind 7 cm lang und schneiden auch durch das Fleisch größerer Beutetiere.

Dreieckiger Schrecken

Große Haie, wie die Weißhaie, Tigerhaie oder Blauhaie haben dreieckige Zähne mit gezackten Rändern. Damit halten sie große Fische und andere Tiere fest und reißen sie in Stücke.

Angelhaken

Die langen, schmalen Zähne lassen den Sandtigerhai sehr gefährlich wirken. Sie sind bestens geeignet, um schlüpfrige Fische oder Kalmare zu packen, die er gewöhnlich in einem Stück verschlingt.

Obwohl die spitzen Zähne des Sandtigerhais bedrohlich aussehen, ist diese Haiart nicht besonders aggressiv.

Ein Hai bekommt im Laufe seines Lebens tausende von Zähnen – und verliert sie wieder.

Endlos viele Zähne

Haie brauchen kräftige, wirkungsvolle Zähne, um ihre Beute zu töten und zu fressen. Die Zähne stehen in mehreren Reihen. Sind die vorderen verbraucht, rücken von hinten neue nach.

Muschelknacker

Nicht alle Haie haben scharfe Zähne. Bei den Hornhaien sind nur die Vorderzähne spitz, die hinteren sind flach und stumpf. Hornhaie ernähren sich von kleinen Meerestieren, wie Seeigeln, deren Schalen sie mit den flachen Zähnen zermalmen.

Nahaufnahme der Zahnreihen im Maul eines Makohais

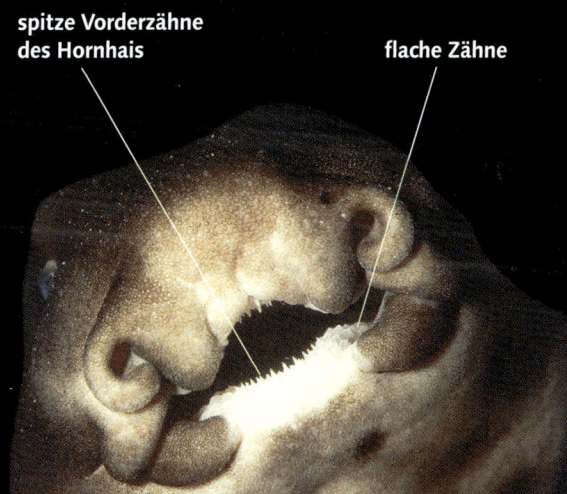

spitze Vorderzähne des Hornhais

flache Zähne

Winzige Zähne

Einige der größten Haie, wie der Walhai und der Riesenhai, haben sehr kleine Zähne. Sie brauchen nichts zu zerbeißen, denn sie ernähren sich ganz anders als die übrigen Haie (siehe Seite 28).

Wenn man genau hinsieht, kann man hier eine Reihe kleiner Zähne erkennen.

Auf der Jagd

Haie kennen verschiedene Techniken, um ihre Beute zu überwältigen. Die meisten jagen allein, manche schließen sich in Gruppen zusammen. Meistens sind Haie geduldige Jäger, sie können aber auch zu gierigen Killern werden.

Ein-Biss-Jäger

Ein Weißhai beißt bei einem Angriff nur einmal zu. Dann schwimmt er beiseite und wartet ab, bis sein Opfer geschwächt ist oder stirbt – erst dann kehrt er zurück und frisst es auf. Auf diese Weise vermeidet er, im Kampf verletzt zu werden.

Kräftige Bisse

Einige der großen Haie beißen äußerst kräftig zu. Da ihre Kiefer nicht fest mit dem Schädel verbunden sind, können sie ihr Maul weit aufsperren.

Wenn ein Hai sein Maul zum Biss öffnet, hebt er Kopf und Schnauze an: Die Kiefer klaffen auseinander.

Wenn er das Maul völlig geöffnet hat, bewegt der Hai den Oberkiefer mit den Zähnen nach vorn und kann kräftig zubeißen.

Gleich wird dieser große Weißhai zubeißen.

Jagd in der Gruppe

Einige Haie jagen in Gruppen. So treiben beispielsweise die Schwarzspitzenriffhaie Fische zusammen und hetzen sie in flaches Wasser, bis sie ans Ufer springen. Dann winden sich die Haie auf das Land, packen die Fische und schwimmen davon.

Die Schwarzspitzenriffhaie haben Fische ans Ufer getrieben.

Im Fressrausch

Wenn Haie auf einen großen Schwarm von Beutefischen treffen, benehmen sie sich manchmal wie wild. Sie jagen zwischen den Fischen umher, packen ihre Opfer und beißen sich auch untereinander. Man sagt, sie sind im Fressrausch.

Diese Grauen Riffhaie sind auf einen Schwarm Fische gestoßen und werden bald in einen Fressrausch verfallen.

Paarung und Nachwuchs

Viele Tiere, wie z. B. die Vögel, legen Eier, aus denen die Jungen schlüpfen. Das machen auch einige Haie. Bei den meisten Haien bleiben die Jungen allerdings im Körper der Mutter, bis sie herangewachsen sind. Dann bringt die Haimutter lebende Junge zur Welt.

Partnersuche

Natürlich müssen die Haie vor der Paarung erst einen Partner des anderen Geschlechtes finden. Weibliche Haie sondern duftende Lockstoffe ab, um ein Männchen anzulocken. Die männlichen Haie verfolgen sie und zeigen ihre Zuneigung durch einen Biss.

Dieser männliche Weißspitzenriffhai beißt ein Weibchen; so zeigt er ihm, dass er an ihm interessiert ist.

So entstehen Haibabys

Ein Haibaby wird gezeugt, wenn eine männliche Samenzelle (Spermium) das Ei des weiblichen Hais befruchtet. Bei der Paarung dringt das Männchen mit einem seiner beiden Geschlechtsorgane (Clasper), die sich an den Innenseiten der Bauchflossen befinden, in die Geschlechtsöffnung (Kloake) des Weibchens ein und gibt seinen Samen ab.

Obwohl Millionen von Spermien (rosa) in den Körper des Weibchens eindringen, kann nur eines mit der weiblichen Eizelle (blau) verschmelzen.

Wachstum der Babys

Haie, die im Körper ihrer Mutter heranwachsen, brauchen sehr viel Nahrung. Die liefert ihnen eine nahrhafte Flüssigkeit (Dotter), die sie in einem Dottersack am Bauch mit sich herumtragen. Einige Haibabys ernähren sich über das Blut der Mutter.

Das Baby eines Dornhais im Bauch der Mutter. Es wird über den Dotter in seinem Dottersack ernährt.

Dottersack

Clevere Haibabys

Bei der Geburt verlassen Haibabys den Körper ihrer Mutter mit dem Schwanz voran. Sie können bereits schwimmen und verlassen sofort ihre Mutter, um sich selbst durchzuschlagen. Da sich die Eltern nicht um ihre Jungen kümmern, müssen sich Junghaie von Geburt an vor Raubtieren in Acht nehmen.

Ein Meeresbiologe hilft einem Zitronenhai bei der Geburt.

Bei den Sandtigerhaien fressen die stärksten Babys ihre schwächeren Geschwister noch im Bauch der Mutter auf.

Haieier

Einige Haiarten legen Eier mit einer festen Hülle (Eikapsel). Darin wachsen die kleinen Haie heran und schlüpfen aus, sobald sie voll entwickelt sind.

Gut versorgt

Im Innern des Eis wird das Baby mit Nahrung aus seinem Dottersack versorgt. Das Wasser, das durch die Eierschale eindringt, liefert ihm genügend Sauerstoff zum Atmen.

Eiformen

Haie legen Eier von unterschiedlichen Größen und Formen. Einige sehen aus wie Taschen oder Beutel, doch alle sind sehr widerstandsfähig und schützen das Baby. An manchen Eikapseln hängen lange Schnüre. Wenn die Haimutter die Eier legt, verfangen sich die Schnüre in Pflanzen oder Steinen und halten die Kapsel fest.

In dieser Eikapsel kannst du deutlich das Baby eines Schachbrett-Schwellhais und seinen Dottersack erkennen.

Die langen Schnüre der Eikapsel verfangen sich an Wasserpflanzen oder dem Meeresboden.

Ei-Bohrer

Die Eier der Hornhaie tragen keine Schnüre, sondern erinnern eher an einen Bohrer. Die weiblichen Hornhaie tragen diese Eier so lange im Maul mit sich herum, bis sie eine enge Felsspalte finden, in der sie die Eier verankern können.

Dieses Ei eines Hornhais wurde nicht in eine Spalte, sondern auf einen Stein gelegt.

Bedrohte Eier

Da die Haie ihre Eier nicht bewachen, sind sie vielen Gefahren ausgesetzt. Manche fallen Raubtieren zum Opfer, andere werden von Stürmen umhergetrieben. Daher findet man an Stränden oft angeschwemmte Eikapseln. Sie sind ausgetrocknet und die Haibabys darin gestorben.

Schlüpfen

Einige Haie brauchen ziemlich lange, bis sie endlich ausschlüpfen. Sobald jedoch der Dotter verbraucht ist, müssen sie die Hülle ihrer Eikapsel durchbrechen und selbst nach Nahrung suchen. Daher legen die meisten Haimütter ihre Eier dort ab, wo die geschlüpften Haie viel Futter finden.

Dieses Ei eines australischen Schwellhais wurde an den Strand gespült.

Der Schwellhai hat seine Entwicklung im Ei abgeschlossen.

Er drückt gegen das Ende der Kapsel und reißt sie auf.

Der winzige Hai kann sofort schwimmen.

Dieser Schwellhai verlässt gerade seine Eikapsel und wird gleich wegschwimmen.

Der Weiße Hai

Der Weiße Hai oder Weißhai ist sicher die bekannteste Haiart. Da er gelegentlich Menschen angreift, gilt er als „weißer Tod".

Der Weiße Hai ist mit einer Länge von bis zu 6 m der größte Fleisch fressende Hai. Er hat scharfe, starke Zähne und kann kräftig zubeißen. Hier kannst du die Größe eines Weißen Hais im Vergleich mit einem Taucher sehen.

Hungrig nach Menschenfleisch?

Obwohl Weißhaie tatsächlich gefährlich sind und sogar Menschen töten, gehören wir eigentlich nicht zu ihrer normalen Beute. Sie bevorzugen das fette Fleisch der Robben, das ihnen viel mehr Energie liefert.

Dieser kleine See-Elefant wäre eine gute Mahlzeit für einen Weißen Hai.

Jäger an der Oberfläche

Weißhaie greifen meist an der Wasseroberfläche an. Sie schwimmen von unten an ihr Opfer heran und schießen unmittelbar vor dem Angriff plötzlich mit Kopf und Vorderkörper aus dem Wasser.

Häufig erscheinen Weißhaie blitzartig an der Oberfläche und spähen nach Beute.

Nach einer reichlichen Mahlzeit brauchen Weißhaie wochenlang nichts mehr zu fressen.

Dieser Weiße Hai schwimmt auf der Suche nach der nächsten Mahlzeit dicht unter der Meeresoberfläche entlang.

Suche nach dem Weißen Hai

Die Weißhaie leben in den Küstengewässern vor Australien, Südafrika, den USA und im Mittelmeer. Sie sind sehr selten und stehen daher heute in manchen Ländern unter Schutz.

Da es nicht mehr viele Weiße Haie gibt, bekommt man sie nur selten zu Gesicht.

Gefährliche Haie

Tiger-, Stier- und Weißspitzen-Hochseehaie sind sehr gefährliche Haiarten, die problemlos auch größere Beutetiere töten. Zum Glück besteht kaum Gefahr, dass Menschen von ihnen angegriffen werden.

Große weiße Tigerhaie

Junge Tigerhaie tragen ein Streifenmuster, das an Tiger erinnert. Wenn sie älter werden, verschwinden die Streifen und sie sehen aus wie ein anderer großer Jäger – der Weiße Hai.

Der Tigerhai beißt hungrig in das Fleisch eines toten Wals.

Der junge Albatros ist eine leichte Beute.

Leichte Beute

Tigerhaie machen oft Jagd auf junge Albatrosse. Dazu versammeln sie sich jedes Jahr vor der Küste Hawaiis, wo viele dieser Vögel brüten. Dort lauern sie auf Jungvögel, die bei ihren ersten Flugversuchen ins Wasser fallen – die Haie brauchen nur noch zuzuschnappen.

Die größten und kräftigsten Haiarten greifen fast alle Meerestiere an, darunter Kalmare, Delfine und sogar andere Haie.

Killer im offenen Meer

Die Weißspitzen-Hochseehaie verbringen die meiste Zeit auf dem offenen Meer, daher stellen sie kaum eine Gefahr für Menschen dar.

Allerdings vermutet man, dass Weißspitzen-Hochseehaie manchmal Menschen angreifen, die nach einem Schiffbruch oder Flugzeugabsturz hilflos im Meer treiben.

Weißspitzen-Hochseehai

Stierhaie

Während die meisten Haie auf Salzwasser angewiesen sind, können die Stierhaie Flüsse hinaufschwimmen. Sie wurden bereits in Peru im Amazonas entdeckt – etwa 4000 km oberhalb seiner Mündung ins Meer.

Gefährliche Flüsse

Stierhaie werden nur 3 m lang, greifen aber so große Tiere wie Flusspferde oder sogar Menschen an. Auch die mit den Haien verwandten Rochen können Menschen ernsthaft verletzen, die im Wasser tropischer Flüsse waten.

Langsam schwimmt der Stierhai umher und lauert auf ein Opfer, das ihm zu nahe kommt.

27

Planktonfresser

Die drei größten Haie – Walhai, Riesenhai und Riesenmaulhai – ernähren sich vorwiegend von den kleinsten Meereslebewesen, dem Plankton. Plankton besteht aus winzigen Tieren und Pflanzen.

Was ist Plankton?

Mit Plankton bezeichnet man alle Algen und Tiere, die in den obersten Wasserschichten der Meere treiben. Einige Planktonarten sind so klein, dass man sie nur im Mikroskop sehen kann.

Plankton

Der größte Fisch

Der Walhai ist der größte Fisch der Welt. Er ist achtmal so groß wie ein Mensch. Jede seiner Brustflossen ist 2 m lang.
Er saugt das Wasser wie ein riesiger Staubsauger ein und filtert sich die Fische und Planktonorganismen heraus. In einer Stunde verschluckt er hunderte von Eimern Wasser.

Walhaie sind friedliche Tiere, die sogar Taucher an sich heranlassen.

Filtrierer

Haie, die sich von Plankton ernähren, filtern ihre Nahrung mit schwammartigen Gebilden oder feinen Borsten vor den Kiemen („Kiemenreusen") aus dem Wasser. Wenn sie Wasser durch das Maul aufnehmen, bleiben Fische und Plankton in den Kiemenreusen wie in einem Netz hängen.

Kleiner Hai?

Riesenmaulhaie sind zwar die kleinsten unter den Planktonfressern, aber immerhin noch bis 5 m lang. Sie leben in den tiefen Gewässern des offenen Meeres, wo sie nach Plankton, Kalmaren und Quallen suchen.

Erstaunliches Großmaul

Der innere Oberkiefer eines Riesenmaulhais leuchtet im Dunkeln. Vielleicht lockt er damit Beutetiere in sein Maul.

Woher der Riesenmaulhai seinen Namen hat, zeigt ein Blick auf sein Maul.

Ein Riesenhai schwimmt mit offenem Maul herum und nimmt Plankton auf.

Oberflächenhai

Riesenhaie sind die zweitgrößten Fische der Welt. Man kann sie häufig nahe der Wasseroberfläche beobachten, wo sie sich scheinbar in der warmen Sonne ausruhen. Tatsächlich suchen sie dort aber nach Nahrung: Sie nehmen Plankton in ihr geöffnetes Maul auf und filtern es durch die Kiemenreusen.

Manche Forscher glauben, dass sich die Riesenhaie im Winter, wenn die Nahrung knapp wird, für mehrere Monate zur Winterruhe auf den Meeresgrund zurückziehen.

Gut getarnt

Manche Haie sind nicht leicht zu entdecken, denn sie passen sich perfekt an die Riffe oder den Meeresboden an, wo sie leben. Diese Fähigkeit nennt man Tarnung.

Flache Haie

Engelshaie sind meist sandbraun, manche tragen auch dunkle Flecken auf ihrem flachen Körper. Wenn sie platt auf dem Meeresboden liegen und sich ausruhen, kann man sie fast nicht sehen.

Dieser Pazifische Engelshai fügt sich perfekt in seine Umgebung ein.

Ein schneller Biss

Ein jagender Engelshai legt sich auf den Meeresboden und wirft mit den Brustflossen Sand über seinen Körper.

Ist er erst einmal mit Sand bedeckt, braucht er nur noch auf vorbeischwimmende Fische zu warten.

Sobald ein Fisch nahe genug ist, schnappt der Engelshai blitzschnell mit seinen scharfen Zähnen zu.

Teppichhaie

Die Teppichhaie oder Wobbegongs sehen mit ihren auffallend gefärbten Körpern sehr merkwürdig aus. Tatsächlich können sie sich damit aber perfekt zwischen Korallen und Felsen verstecken.

Von oben sehen die dunklen Flecken wie Steine aus.

Wegen ihrer auffällig gemusterten Haut wird diese Haiart Ornamenten-Teppichhai genannt.

„Bepflanzte" Haut

Lappen

Der Fransen-Teppichhai trägt rund um seinen Kopf einen Kranz aus Hautlappen.

Bei den meisten Teppichhaien ziehen sich Hautlappen auf beiden Seiten des Kopfes entlang. Sie sehen fast so aus wie Korallen oder Wasserpflanzen.

Tödliche Überraschung

So packt ein Teppichhai seine Beute.

Teppichhaie überwältigen ihre Beute ähnlich wie die Engelshaie. Sie liegen auf dem Meeresboden und warten auf ein Opfer. Wagt sich ein Fisch zu nahe heran, packen sie blitzschnell zu.

Den Namen „Wobbegong" haben die australischen Aborigines diesem Hai gegeben.

Auf dem Meeresboden

Viele Haie halten sich dicht über dem Meeresgrund auf. Solche Arten sind in der Regel träge
und ruhen sich gerne auf dem Boden aus.
Ihre Nahrung finden sie mit Hilfe von Barteln
an ihren Schnauzen.

Ammenhaie

Ammenhaie leben meist im flachen Wasser über
Felsenriffen oder über sandigen Stellen, wo ihre
bräunlichen, flachen Körper kaum auffallen.

Ein Ammenhai schwimmt über
ein Riff in der Karibik; hier leben
viele Haie seiner Art.

Schläfrige Haie

Ammenhaie ruhen sich
häufig aus. Zum Schutz
suchen sie nach ruhigen
Höhlen oder geschütz-
ten Stellen und bilden
eine Säule aus Haien.
Sie ruhen am Tag und
gehen nachts auf Jagd.

Tagsüber bilden die Ammenhaie
eine lebende Säule.

Geschützte Zebras

Zebrahaie werden so genannt, weil die Junghaie ein Streifenmuster auf der Haut tragen. In den tropischen Riffen sind sie daher für Raubtiere kaum zu erkennen. Erst wenn sie älter werden, verwandeln sich die Streifen auf ihrer Haut in Flecken.

Wenn sich ein junger Zebrahai nicht gerade zwischen Felsen und Riffen versteckt, ist sein Zebramuster deutlich zu erkennen.

Hautzähnchen

Barteln

Sägehaie

Sägehaie leben über sandigem Meeresboden. Ihre lange, seitlich mit langen, zahnartigen Hautzähnchen bedeckte Schnauze erinnert wirklich an eine Säge.

Sägehaie werden etwa 1,50 m lang; ihre Schnauze nimmt ein Drittel der Körperlänge ein.

Tödliche Sägen

Der Sägehai sucht mit Hilfe seiner langen Barteln nach Tieren, die sich unter dem Sand verstecken.

Hat er eine Beute aufgespürt, gräbt er sie mit der langen Schnauze aus dem Sand.

Versucht der Fisch zu entkommen, schlägt der Sägehai mit der langen, bezahnten Schnauze zu.

 *Bei der Geburt liegen die Hautzähnchen von Sägehai-Babys noch flach an der Schnauze an, damit die Mutter nicht verletzt wird.*

Riffhaie

In tropischen Riffen wimmelt es von Tieren und Pflanzen; hier lebt auch eine Reihe von Haien. Einige Haiarten werden nach ihrem Lebensraum als Riffhaie bezeichnet.

Graue Riffhaie
Graue Riffhaie leben in den Korallenriffen des Indischen und Pazifischen Ozeans. Es sind große, sehr aktive Haie, die bis 2,50 m lang werden können.

Ein Grauer Riffhai schwimmt über ein Korallenriff im Indischen Ozean.

Warnsignale
Wenn sich ein Grauer Riffhai bedroht fühlt oder Angst hat, kann er sich entschließen, lieber selbst anzugreifen, ehe er angegriffen wird. Zum Glück verrät er sich durch einige Bewegungen:

Fühlt sich ein Grauer Riffhai durch einen Taucher belästigt, hebt er den Rücken zu einem Buckel an.

Dann senkt er die Brustflossen und schlägt seinen Kopf hin und her.

Spätestens jetzt sollte ein Taucher besser das Weite suchen, denn der Hai könnte angreifen.

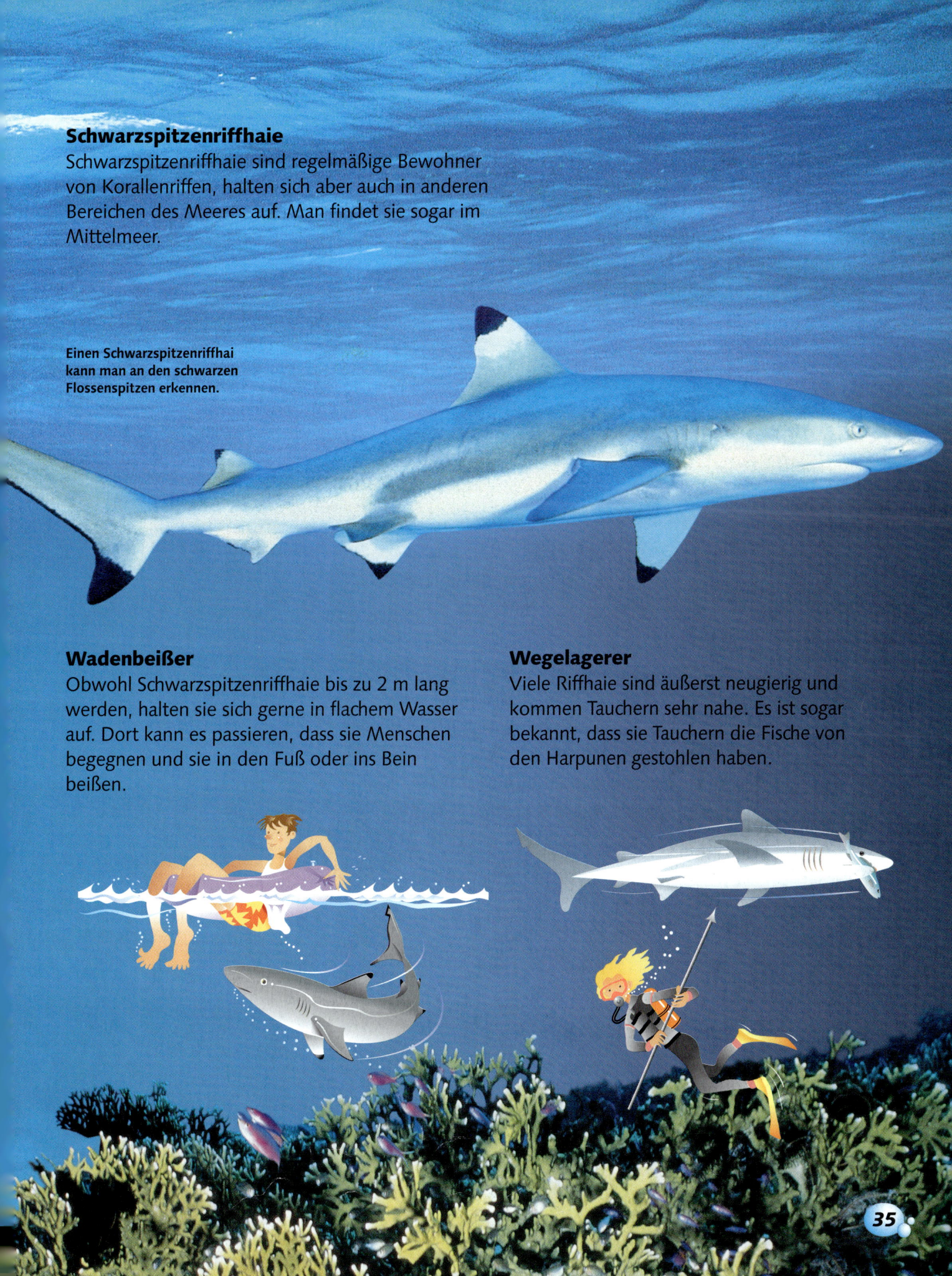

Schwarzspitzenriffhaie

Schwarzspitzenriffhaie sind regelmäßige Bewohner von Korallenriffen, halten sich aber auch in anderen Bereichen des Meeres auf. Man findet sie sogar im Mittelmeer.

Einen Schwarzspitzenriffhai kann man an den schwarzen Flossenspitzen erkennen.

Wadenbeißer

Obwohl Schwarzspitzenriffhaie bis zu 2 m lang werden, halten sie sich gerne in flachem Wasser auf. Dort kann es passieren, dass sie Menschen begegnen und sie in den Fuß oder ins Bein beißen.

Wegelagerer

Viele Riffhaie sind äußerst neugierig und kommen Tauchern sehr nahe. Es ist sogar bekannt, dass sie Tauchern die Fische von den Harpunen gestohlen haben.

Hammerhaie

An ihren unverwechselbaren Köpfen kann man die Hammerhaie eindeutig erkennen. Vielleicht sehen die breiten Fortsätze merkwürdig aus, sie machen diese Haigruppe aber zu hervorragenden Jägern.

Bogenstirn-Hammerhaie

Unter den neun Arten sind die Bogenstirn-Hammerhaie am weitesten verbreitet. Der Name bezieht sich auf die Bögen oder Wellen vorne an ihrem Kopf.

Die namensgebenden Bögen sitzen vorne am Kopf des Bogenstirn-Hammerhais.

Der Große Hammerhai

Diese Art ist der größte und gefürchtetste Hammerhai. Er kann bis 6 m lang werden und hat schon Menschen angegriffen.

Schwingende Hämmer

Da die Augen der Hammerhaie seitlich an den Kopffortsätzen sitzen, haben sie ein sehr breites Blickfeld zu den Seiten. Allerdings müssen sie ihren Kopf hin und her schwingen, wenn sie sehen wollen, was vor ihnen liegt.

Man findet den Großen Hammerhai in Küstennähe oder über Korallenriffen.

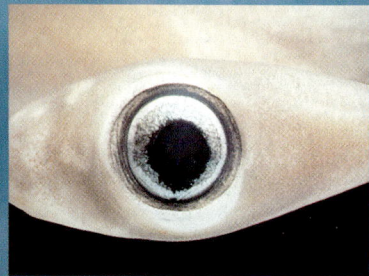

So sieht das Auge eines Hammerhais aus der Nähe aus.

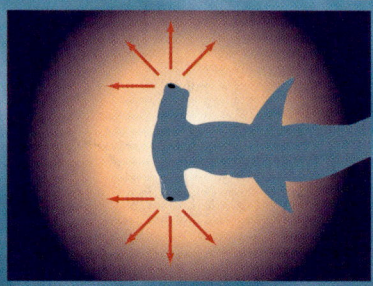

Die roten Pfeile zeigen das Blickfeld eines Hammerhais.

Empfindliche Köpfe

Hammerhaie sind äußerst erfolgreiche Jäger, die ihre Beute sicher aufspüren.

Die breite Kopfform ermöglicht ihnen beim Angriff eine gute Kontrolle über die Beute.

Auf den breiten Köpfen der Hammerhaie ist viel Platz für die Poren, mit denen sie die elektrischen Signale ihrer Opfer wahrnehmen. Das bedeutet, dass sie auch versteckte Beute aufspüren können.

Der große Hammerhai nutzt den breiten Kopf, um Stachelrochen zu Boden zu drücken. Stachelrochen wehren sich mit einem Giftstachel am Schwanz. Selbst wenn die Hammerhaie getroffen werden, fahren sie mit dem Angriff fort.

Haischulen

Einige Arten von Hammerhaien schwimmen in großen Schwärmen (Schulen) umher. In einer Schule von Bogenstirn-Hammerhaien können sich bis zu 200 Tiere versammeln. Am Tag schwimmen sie gemeinsam umher, nachts gehen sie einzeln auf Jagd.

Warum sich gerade die Bogenstirn-Hammerhaie zu solch großen Schulen zusammentun, weiß niemand genau.

Marderhaie und Katzenhaie

Obwohl Marder- und Katzenhaie nur entfernt miteinander verwandt sind, haben sie doch einige Gemeinsamkeiten. Die Arten beider Familien fressen vorwiegend Schalentiere und Krebse; viele sind außerdem gut getarnt.

Prächtig getarnt

Der Schwellhai ist ein Katzenhai, dessen gelblich braune Haut mit braunen Tupfen besetzt ist. So verschmilzt er optisch mit dem Meeresboden. Er bleibt gut getarnt liegen und lauert Fischen und Krebsen auf, die in seine Nähe kommen.

Zwischen Fächerkoralle und dem felsigen Boden ist der Schwellhai kaum zu erkennen.

Ein aufgepumpter Hai

Fühlt sich ein Schwellhai bedroht, kann er seinen Körper kräftig aufpumpen, bis er größer und bedrohlicher aussieht. Davon lassen sich viele Angreifer abschrecken.

Wird der Schwellhai von anderen Fischen oder Haien angegriffen, versteckt er sich blitzschnell zwischen Felsen.

Er schluckt Wasser, bis sich sein Körper aufbläht und er größer und stärker aussieht.

Wahrscheinlich wird der andere Fisch nun seinen Angriff aufgeben; der Schwellhai bleibt zwischen den Felsen versteckt.

Zur Familie der Katzenhaie gehören über 90 Arten, mehr als zu jeder anderen Haifamilie.

„Leckerer" Hundshai

Die kupferbraunen Hundshaie gehören zu den Marderhaien, die in Küstengewässern überall auf der Erde leben. Sie werden wegen ihrer Flossen gejagt, aus denen man eine Haifischflossen-Suppe herstellt.

Hundshaie sind sehr lebhafte Schwimmer, die häufig weite Reisen über die Meere unternehmen.

Australischer Glatthai

Die Australischen Glatthaie leben vor den Küsten Australiens. Sie haben flache, stumpfe Zähne, mit denen sie die harten Panzer von Hummern und Krebsen aufknacken können.

Ein Australischer Glatthai zerbeißt den Panzer eines Hummers.

Leopardhaie

Die gemusterte Haut der Leopardhaie erinnert an das Fell eines Leoparden. Sie sind harmlos, werden aber manchmal mit jungen Tigerhaien verwechselt. Auch die Tigerhaie haben eine gemusterte Haut, sind aber viel gefährlicher.

Die langsamen, trägen Leopardhaie halten sich häufig dicht über dem Meeresboden auf.

Schnelle Haie

Eine Reihe von Haien sind schnelle, ausdauernde Schwimmer; einige von ihnen gehören zu den schnellsten Meerestieren überhaupt. Vor allem bei kurzen Vorstößen während der Jagd erreichen Haie ihre höchste Geschwindigkeit.

Blauhaie

Mit ihren langen, schlanken Körpern und den spitzen Schnauzen gleiten Blauhaie schnell und elegant durch das Wasser. Sie gehören zu den schnellsten Haien und erreichen auf der Jagd Geschwindigkeiten von bis zu 60 km/h.

Blauhaie kommen weltweit vor, halten sich aber am liebsten in kühlerem Wasser auf. Daher schwimmen sie meist in größerer Tiefe, wo das Wasser kälter ist.

Ein Blauhai im Pazifik

Die lange, spitze Schnauze des Blauhais reicht weit über den Unterkiefer hinaus.

Fressen im Vorbeischwimmen

Blauhaie ernähren sich von unterschiedlicher Beute, darunter Kalmare, Tunfische oder Sardellen. Hat ein hungriger Blauhai einen Fischschwarm entdeckt, jagt er mit offenem Maul mitten durch, um so viele wie möglich zu schnappen.

Blauhaie stoßen durch einen Schwarm Sardellen.

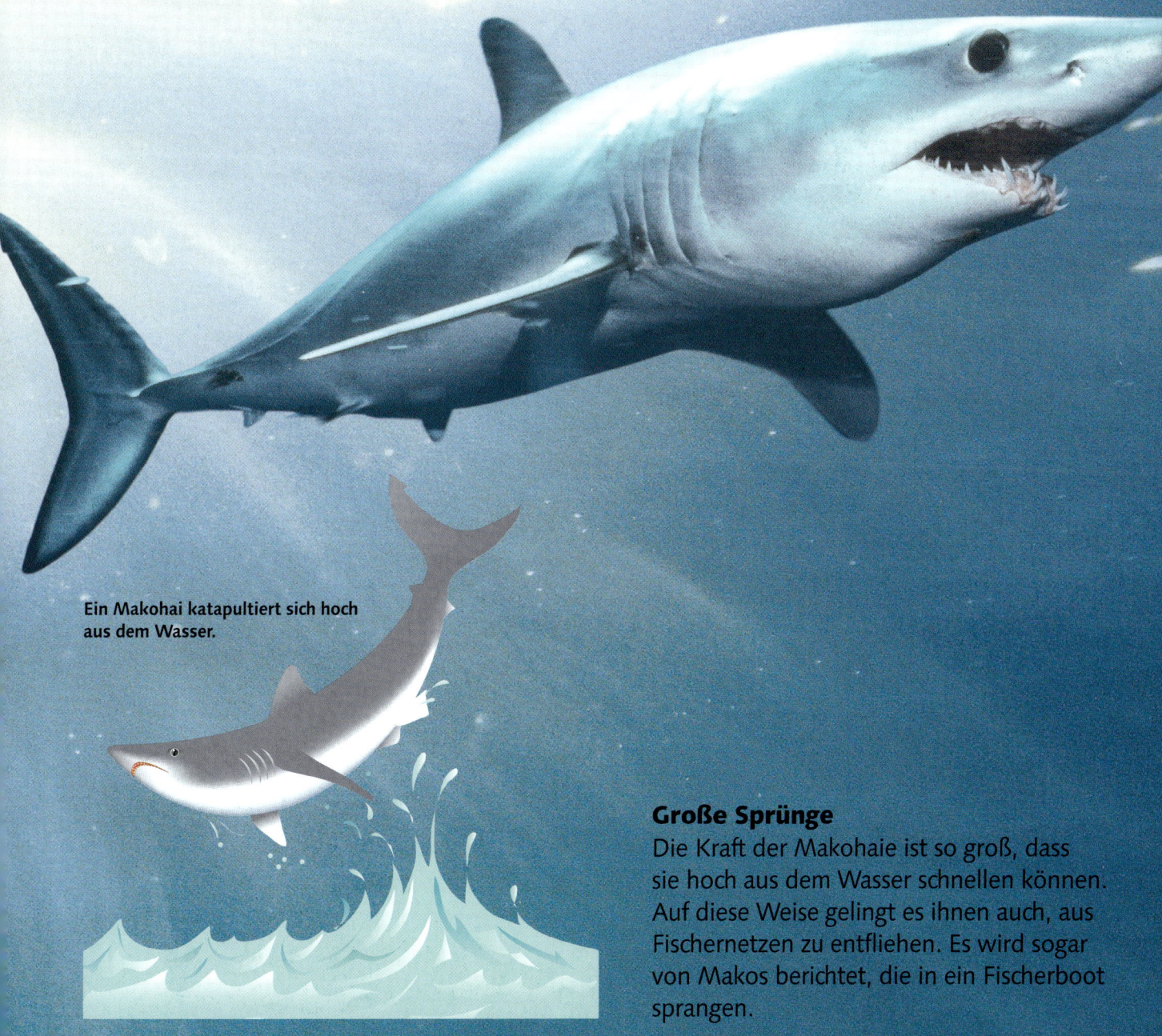

Kraftvolle Makos

Die Makohaie sind nicht nur die schnellsten Haie, sondern gehören auch zu den schnellsten Fischen. Sie können ohne Schwierigkeiten mit ihren Beutefischen, wie Marlinen oder Schwertfischen, mithalten. Den Antrieb liefern kräftige Schwanzmuskeln und eine Schwanzflosse mit gleich großen Lappen. Makos sind doppelt so schnell wie ein menschlicher Sprinter.

Makos verbringen die meiste Zeit auf hoher See, daher wird man ihnen als Schwimmer nur selten begegnen.

Ein Makohai katapultiert sich hoch aus dem Wasser.

Große Sprünge

Die Kraft der Makohaie ist so groß, dass sie hoch aus dem Wasser schnellen können. Auf diese Weise gelingt es ihnen auch, aus Fischernetzen zu entfliehen. Es wird sogar von Makos berichtet, die in ein Fischerboot sprangen.

Haie der Tiefsee

Während sich zahlreiche Haie vorwiegend in flacheren Gewässern aufhalten, verbringen einige Arten ihr Leben in den tiefsten Tiefen der Ozeane. Dort herrscht ewige Dunkelheit und das Wasser ist sehr kalt.

Dornhaie

Dornhaie gehören zu den weit verbreiteten und häufigen Haiarten, die man fast überall in den Weltmeeren antreffen kann.
Im Winter leben sie in einer Tiefe von 800 m, kommen im Frühling und Herbst aber an die Oberfläche und bleiben nahe der Küste.

Dornhaie tragen spitze Stacheln („Dornen") auf ihren Rückenflossen.

Der lang gestreckte Körper des Krausenhais erinnert an einen Aal.

Krausenhai

Die Krausenhaie haben sechs Kiemenspalten, die jeweils durch ein Hautband verdeckt werden. Sie kommen in Tiefen von bis zu 1300 m vor, wo sie sich von Tiefseefischen und Kalmaren ernähren.

Plätzchenstecher-Leuchthaie

Die Plätzchenstecher-Leuchthaie sind merkwürdig aussehende, leuchtende Haie. Den Tag verbringen sie in einer Tiefe von 1000 m und kommen nur nachts an die Oberfläche. Obwohl sie mit 50 cm Länge kaum größer sind als eine Katze, trauen sie sich an große Beutetiere, wie Tunfische und Delfine, heran.

Die Plätzchenstecher-Leuchthaie erinnern in Form, Größe und Hautfarbe an Zigarren.

Hungrige Plätzchenstecher-Leuchthaie greifen gerne Delfine an.

Saugen und knabbern

Plätzchenstecher-Leuchthaie haben weiche, gepolsterte Lippen. Beim Angriff saugen sie sich an ihrer Beute fest und beißen ihr kleine, runde „Plätzchen" aus dem Fleisch.

Tiefseetaucher

Portugiesenhaie hat man noch in einer Tiefe von 3700 m gefunden. Da man sie dort unten kaum erforschen kann, wissen wir nur wenig über ihre Lebensweise.

Riesenhaie leben nahe der Meeresoberfläche.

Krausenhaie kommen bis zu einer Tiefe von 1300 m vor.

Die Portugiesenhaie leben sogar in Tiefen von 3700 m.

Die Abbildung zeigt die Tiefen, in denen Portugiesenhaie im Vergleich zu anderen Haien leben.

Verwandte der Haie

In den Weltmeeren leben zahlreiche Verwandte der Haie. Die Rochen, die mit ihren abgeflachten Körpern wie Engelshaie aussehen, sind ihre nächsten Verwandten. Auch die merkwürdigen Seedrachen oder Chimären sind mit den Haien verwandt.

So schwimmen Rochen

Rochen haben eine andere Schwimmtechnik als Haie: Manche bewegen die Brustflossen wie Flügel auf und ab. Andere versetzen die Brustflossen in eine schlängelnde Bewegung von vorn nach hinten.

Dieser Adlerrochen schwimmt, indem er mit den Brustflossen wie mit Flügeln auf und ab schlägt.

Was sind die Unterschiede?

Wie die Haie haben auch Rochen ein Knorpel-skelett, können elektrische Signale wahr-nehmen, die andere Tiere erzeugen, und atmen durch Kiemen.
Im Unterschied zu den Haien enden ihre Schwänze in spitzen Giftstacheln, die sie zur Verteidigung gegen große Fische einsetzen.

Giftstachel

Ein Amerikanischer Stachelrochen ruht sich auf dem Meeresboden im Atlantik aus.

Es gibt etwa 600 Rochenarten, die überall auf der Erde vorkommen – im Salz- wie im Süßwasser.

Zitterrochen

Einige Rochen können starke elektrische Felder erzeugen und so Beute und Angreifer lähmen. Man weiß von Tauchern, die einen starken elektrischen Schlag bekamen, weil sie aus Versehen auf dem Meeresgrund liegende Zitterrochen berührt hatten.

Riesenmantas

Die eindrucksvollsten Rochen sind die Riesenmantas. Sie haben eine Spannweite von 7 m, etwa die Breite von drei nebeneinander parkenden Autos. Wie die mit ihnen verwandten Riesenhaie sind sie harmlose Planktonfresser.

Stirnlappen

Vor den Augen des Riesenmantas sitzen breite Stirnlappen, mit denen er das Plankton in sein Maul lenkt.

Elefantenchimäre im tiefen Wasser vor Neuseeland

Elefanten unter Wasser

Die Chimären leben vorwiegend im tiefen Wasser. Auch sie haben ein Knorpelskelett und finden ihre Beute, indem sie elektrische Signale aufspüren. Besonders merkwürdig sieht die Elefantenchimäre aus: Ihre Schnauze ist wie ein Elefantenrüssel verlängert.

Auf Wanderschaft

Gelegentlich machen sich Haie auf die Suche nach neuen Nahrungsquellen oder einem Partner. Sie wandern, um ihre Jungen zu gebären oder um in wärmere Regionen zu gelangen. Viele dieser Wanderungen finden regelmäßig statt.

Dieser Blauhai schwimmt regelmäßig entlang einer bestimmten Route im Nordatlantik. Er wird von einem Schwarm Stachelmakrelen begleitet.

Weite und kurze Wanderungen

Einige Haie reisen ein- bis zweimal pro Jahr mehrere hundert Kilometer weit. Andere wandern deutlich kürzere Strecken.

Manche Haiarten tauchen täglich aus den tieferen Schichten der Ozeane nach oben, wo sie leichter Beute finden.

Transatlantikreise

Die im Nordatlantik lebenden Blauhaie schwimmen auf einer endlosen Schleife durch den Ozean. Dabei folgen sie den warmen und kalten Meeresströmungen, die ihnen das Vorwärtskommen erleichtern.

Die blauen Pfeile zeigen die Wanderroute der Blauhaie im Nordatlantik.

Manche Blauhaie legen jährlich mehr als 4000 km zurück.

Wandernde Walhaie

Jedes Jahr im März oder April begeben sich zahlreiche Walhaie auf eine ganz besondere Reise zum Ningaloo Riff vor der australischen Westküste. Zu dieser Jahreszeit finden sie dort nämlich ungeheure Mengen Plankton, von dem sie sich ernähren.

Ein Walhai schwimmt über dem Ningaloo Riff.

Geschäftige Zwerge

Jeden Tag nach Sonnenuntergang schwimmen die Zwerghaie von der Tiefsee, wo sie den Tag verbringen, an die Oberfläche. Sie essen sich satt und tauchen noch vor Tagesanbruch wieder ab.
Da die Zwerghaie sehr klein sind – höchstens 26 cm – ist diese tägliche Wanderung von 3 km für sie ziemlich anstrengend.

Einige Zwerghaie sind so winzig, dass sie in die Hand eines Erwachsenen passen.

Auf der richtigen Spur

Niemand weiß genau, wie sich die Haie in den Weiten des Ozeans orientieren. Vielleicht lassen sie sich von den wechselnden Wassertemperaturen leiten.

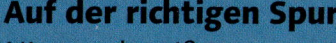

Über die Erde verläuft zwischen Nord- und Südpol ein unsichtbares Magnetfeld, auf das eine Kompassnadel reagiert. Vielleicht nehmen schwimmende Haie den Wechsel im Magnetfeld wahr.

Dieser Globus zeigt Atlantik und Pazifik beiderseits von Amerika. Warmes Wasser ist rot, kaltes Wasser blau markiert.

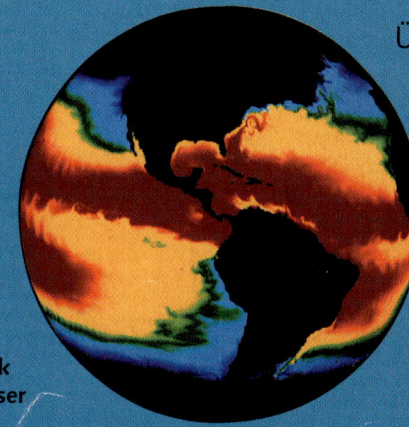

Vorsicht, Haie!

Obwohl Haie zum Glück nur selten Menschen angreifen, kommt es dennoch hin und wieder zu Todesfällen. Weltweit sterben pro Jahr fünf bis zehn Menschen an Haibissen – Badeunfälle fordern deutlich mehr Opfer.

In fremden Gewässern solltest du solche Warnschilder sehr ernst nehmen.

MUNICIPALITY OF ROCKDALE

DANGER

SHARKS IN BOTANY BAY

Falsche Beute

Die meisten Haie greifen nur aus Versehen an, weil sie schwimmende oder surfende Menschen für Robben halten. Sobald sie ihren Irrtum bemerken, lassen sie meist wieder von ihrer vermeintlichen Beute ab und schwimmen davon.

Von unten sieht das Surfbrett mit dem schwimmenden Surfer wie eine Robbe oder eine Schildkröte aus.

Wo greifen Haie an?

Obwohl Haie in allen Weltmeeren leben, greifen sie vor allem an den Küsten von Nordamerika (besonders Florida), Hawaii, Australien und Südafrika an. Dort lockt das warme Wasser besonders viele Surfer und Badende an, die unter Umständen auf einen Hai treffen können.

Nord-amerika

Europa

Asien

Afrika

Süd-amerika

Australien

■ **Die roten Markierungen kennzeichnen Strände, an denen häufig Haie angreifen.**

Viele Haie greifen in weniger als 30 m Entfernung vom Ufer an.

Wütende Angreifer

Manche Haie greifen nur an, wenn sie provoziert werden. Es ist bekannt, dass Haie nach Tauchern schnappten, die sie aus Spaß am Schwanz gezogen hatten. Wütende Haie sind besonders gefährlich.

So vermeidet man Angriffe:

Obwohl Haiangriffe sehr selten sind, sollte man sich in Gewässern mit Haien besonders vorsehen.

Wenn man eine offene Wunde hat, sollte man nicht ins Wasser gehen, denn Haie werden von Blut angelockt.

Man sollte keine helle Kleidung oder Metallgegenstände tragen, die Haie für Fischschuppen halten könnten.

Außerdem sollte man am Tag schwimmen gehen und nicht nachts, weil dann Haie besonders aktiv sind.

Der Taucher wehrt sich gegen einen wütenden Riffhai.

49

Haie in Gefahr

Nicht nur wir Menschen haben Angst vor Haien, sondern die Haie haben auch allen Grund, uns Menschen zu fürchten. Menschen töten Haie zum Sport, als Nahrung und manchmal auch aus Versehen.

Gejagte Jäger

Haie gelten als gefährlich, obwohl sie nur selten Menschen angreifen. Daher halten es viele Jäger für ein großes Abenteuer, einen Hai zu erlegen und seine Kiefer als Trophäe zu behalten oder als Souvenir zu verkaufen.

Stolz präsentiert ein Jäger die Kiefer von zwei Haien.

Diesem Grauen Riffhai wurden nur die Flossen abgeschnitten; dann warf man ihn ins Wasser und ließ ihn elend sterben.

Grausame Verstümmlung

In manchen Teilen der Welt gilt Haifischflossensuppe als Delikatesse. Wenn Fischer einen Hai fangen, schneiden sie ihm manchmal nur die Flossen ab und werfen ihn zurück ins Meer. Da er ohne Flossen nicht schwimmen kann, bekommt er zu wenig Sauerstoff, kann nicht mehr jagen und wird schließlich verenden.

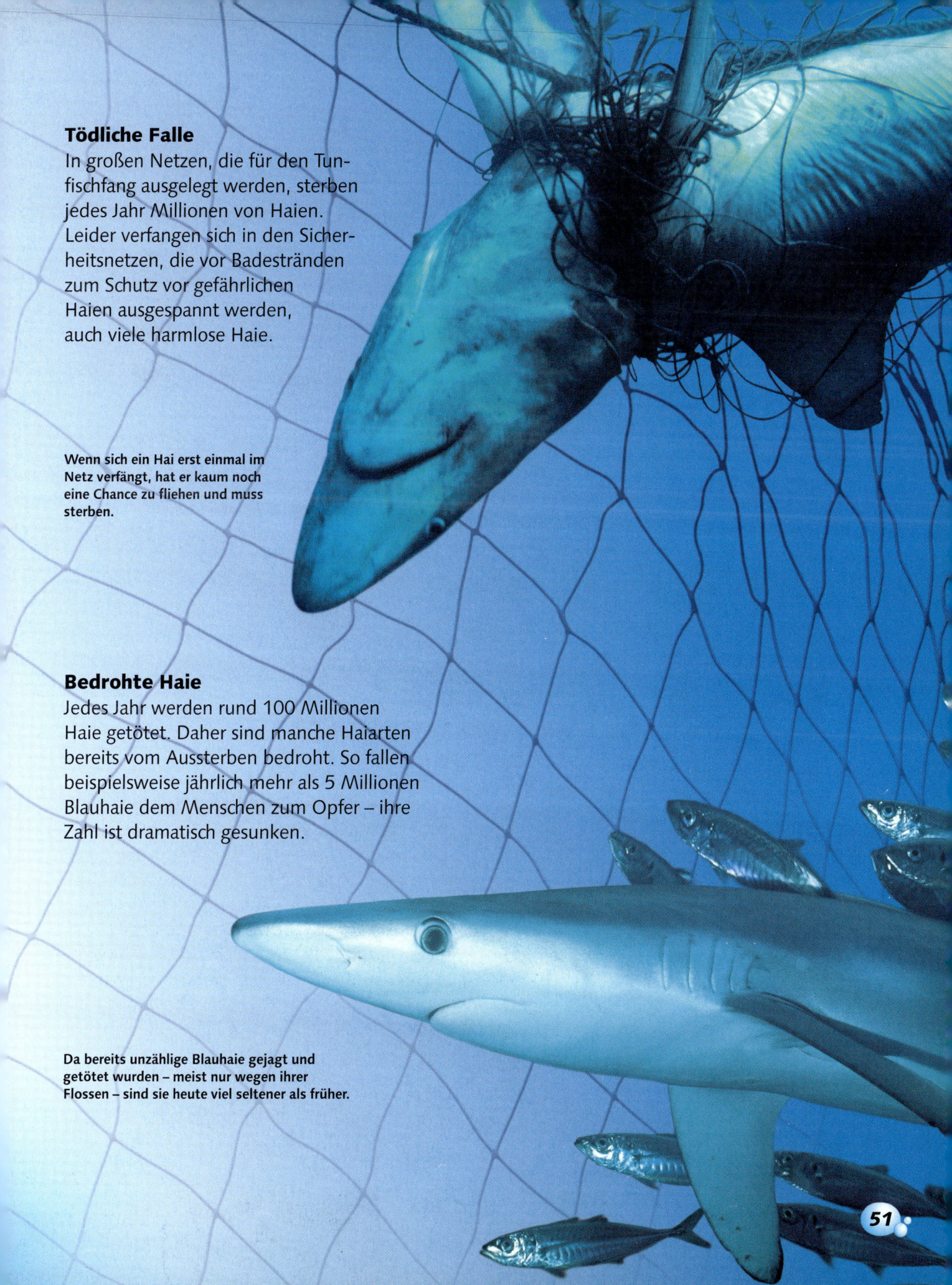

Tödliche Falle

In großen Netzen, die für den Tun-fischfang ausgelegt werden, sterben jedes Jahr Millionen von Haien. Leider verfangen sich in den Sicher-heitsnetzen, die vor Badestränden zum Schutz vor gefährlichen Haien ausgespannt werden, auch viele harmlose Haie.

Wenn sich ein Hai erst einmal im Netz verfängt, hat er kaum noch eine Chance zu fliehen und muss sterben.

Bedrohte Haie

Jedes Jahr werden rund 100 Millionen Haie getötet. Daher sind manche Haiarten bereits vom Aussterben bedroht. So fallen beispielsweise jährlich mehr als 5 Millionen Blauhaie dem Menschen zum Opfer – ihre Zahl ist dramatisch gesunken.

Da bereits unzählige Blauhaie gejagt und getötet wurden – meist nur wegen ihrer Flossen – sind sie heute viel seltener als früher.

Haiforschung

Lange Zeit wusste man nur sehr wenig über Haie. Inzwischen haben Wissenschaft und Forschung jedoch große Fortschritte gemacht. Daher können wir uns heute ein recht gutes Bild darüber machen, wie Haie leben.

Markierungen

Eine gute Möglichkeit, Haie zu untersuchen, ist, sie zu markieren. Ein gefangenes Tier wird gemessen, gewogen und erhält eine Marke in seine Flosse. Darauf steht, wo und wann es gefangen wurde. Dann lässt man den Hai wieder frei. Wird er später erneut gefangen, können die Forscher an der Marke ablesen, wie weit er gewandert und wie stark er gewachsen ist.

Sender

Manchmal setzen die Forscher einem Hai auch elektronische Sender in die Flossen. Sie geben ein Signal ab, das man auf einem Boot empfangen kann. Auf diese Weise können Forscher exakt aufzeichnen, wohin der Hai schwimmt.

Dieser Taucher setzt unter Wasser einem Tigerhai eine Marke in die Flosse, ohne ihn vorher zu fangen.

Nur wenn er zu tief taucht oder sich sehr weit vom Boot der Forscher entfernt, werden die Signale des Senders zu schwach.

Vor der australischen Küste wurde 1991 ein Hundshai gefangen, der eine über 40 Jahre alte Marke trug.

Beobachtung großer Haie

Aus stabilen Käfigen können Taucher das
Verhalten großer Haie aus der Nähe studieren.
Von einem Boot aus senkt man einen Metall-
käfig ins Wasser, in den dann die Taucher
hineinspringen. Während der Käfig tiefer sinkt,
gießt man vom Boot aus Blut und tote Fische
ins Wasser. Dann warten die Taucher ab, ob Haie
angelockt werden.

Diese Taucher filmen
einen kräftigen Weißen
Hai aus nächster Nähe.

Sichere Taucheranzüge

Auch Taucher, die ein
schützendes Kettenhemd
tragen, können sich einem
Hai sehr weit annähern.
Solche Schutzanzüge
bestehen aus zahlreichen,
miteinander verbundenen
Metallringen. Ketten-
hemden verhindern, dass
die Zähne eines Hais bis
ins Fleisch vordringen.
Sie bieten aber keinen
Schutz vor dem Angriff
eines wirklich großen
Hais.

Ein Kettenhemd schützt
diesen Taucher vor dem
Biss des Karibischen
Riffhais.

Haie in einer veränderten Umwelt

Haie sind in der modernen Welt vielen Gefahren ausgesetzt. Die schlimmste Gefahr stellt die Umweltverschmutzung dar.

Dieses Schiff wird eingesetzt, um Öl zu verbrennen, das ins Meer geflossen ist und nun Wildtiere bedroht.

Langfristige Bedrohung

Haie können sich gut an kurzfristige Veränderungen ihrer Lebensräume anpassen, etwa nach Stürmen oder schwerer See. Der Mensch verändert jedoch durch Fischerei, Entsorgung von Industrieabfall und Schifffahrt ihre Lebensräume grundlegend und langfristig.

Umweltverschmutzung

Jede Art von Abfall, der sich schneller ansammelt als er abgebaut werden kann, verschmutzt die Umwelt. Dazu gehören Chemikalien aus der Industrie, Abwässer oder Öl, das aus Schiffen ausläuft. Die ungeheure Wassermenge der Meere kann zwar einen Teil dieses Abfalls verkraften, nicht jedoch alles.
Wenn Haie mit Schadstoffen belastete Beute fressen, reichern sich auch in ihren Körpern die Gifte immer stärker an.

Tote Haie treiben in verseuchtem Wasser.

Riffsterben

Viele Haiarten leben in der Nähe von Korallenriffen. Wir Menschen haben schon viele dieser Lebensräume unbewohnbar gemacht – Korallen wurden als Souvenir verkauft oder von Dynamitfischern zerstört.

Globale Erwärmung

Einige Gase, die als Umweltgifte entstehen, steigen in die Atmosphäre auf. Sie wirken wie ein Treibhaus, verstärken die Hitze der Sonne und erhöhen die Temperatur der Erde. Daraus könnten sich Probleme für die Haie ergeben. Höhere Temperaturen beeinflussen den Meeresspiegel und das Wachstum von Korallen, sodass viele Riffe zerstört werden.

Babys in Gefahr

Einige Haiarten bringen ihre Jungen in Küstengewässern zur Welt, in der Nähe von menschlichen Siedlungen. Diese Lebensräume sind besonders stark von Umweltgiften und Zerstörung bedroht.

Der Taucher fotografiert einen Ammenhai. Die Riffe, in denen er lebt, werden durch den Menschen bedroht.

Teile der Küstengewässer vor Florida (USA), wo dieser Zitronenhai lebt, wurden durch Umweltverschmutzung geschädigt.

Haie, Stück für Stück

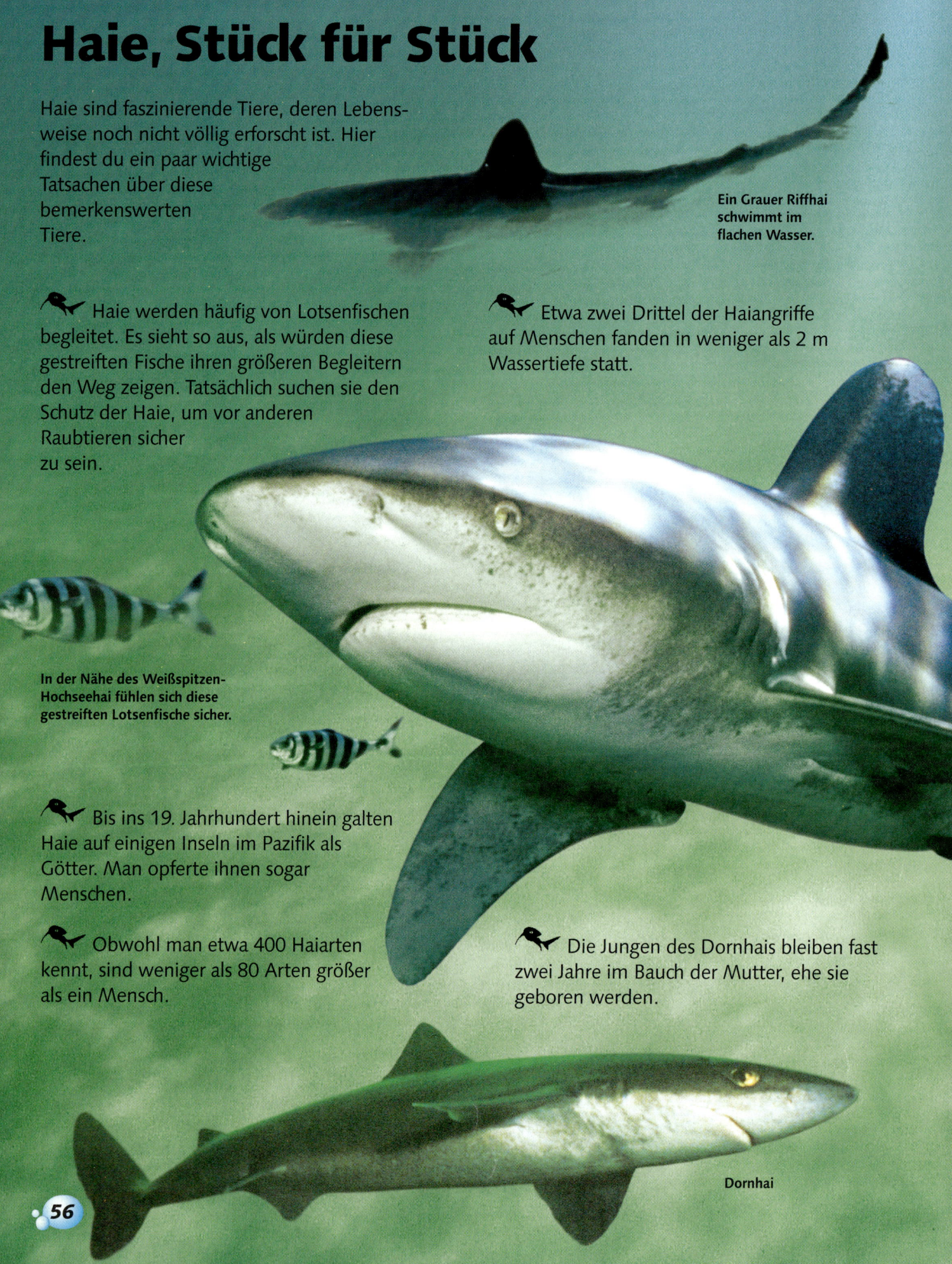

Haie sind faszinierende Tiere, deren Lebensweise noch nicht völlig erforscht ist. Hier findest du ein paar wichtige Tatsachen über diese bemerkenswerten Tiere.

Ein Grauer Riffhai schwimmt im flachen Wasser.

Haie werden häufig von Lotsenfischen begleitet. Es sieht so aus, als würden diese gestreiften Fische ihren größeren Begleitern den Weg zeigen. Tatsächlich suchen sie den Schutz der Haie, um vor anderen Raubtieren sicher zu sein.

Etwa zwei Drittel der Haiangriffe auf Menschen fanden in weniger als 2 m Wassertiefe statt.

In der Nähe des Weißspitzen-Hochseehai fühlen sich diese gestreiften Lotsenfische sicher.

Bis ins 19. Jahrhundert hinein galten Haie auf einigen Inseln im Pazifik als Götter. Man opferte ihnen sogar Menschen.

Obwohl man etwa 400 Haiarten kennt, sind weniger als 80 Arten größer als ein Mensch.

Die Jungen des Dornhais bleiben fast zwei Jahre im Bauch der Mutter, ehe sie geboren werden.

Dornhai

56

Die Schwanzflosse dieses Pelagischen Fuchshais ist 1,50 m lang.

Die Schwanzflosse von Pelagischen Fuchshaien ist genauso lang wie ihr Körper. Die Haie schlagen damit hin und her und benutzen sie als gefährliche Waffe.

Männer werden häufiger von Haien angegriffen als Frauen. Etwa 90 % aller Hai-attacken gelten Männern. Da sich etwa gleich viele Männer und Frauen im Meer aufhalten, weiß niemand genau, warum Haie Männer bevorzugen.

Haiangriffe sind so selten, dass man eher durch einen Blitzschlag oder einen Bienenstich stirbt, als im Magen eines Hais zu landen.

Haie bekommen so gut wie nie Krebs. Wenn Mediziner herausfinden, woran das liegt, können sie vielleicht ein Mittel gegen den Krebs entwickeln.

Die so genannten Schiffshalter saugen sich mit einem Saugnapf am Körper von Haien fest. Dann lassen sie sich von ihnen umhertragen. Schiffshalter leben von den Resten, die Haie von ihren Opfern übrig lassen.

Ein Schiffshalter saugt sich auf einem Ammenhai fest.

Aus der Haut von Haien werden zahlreiche Produkte hergestellt. Früher waren es vor allem Schwertscheiden und Kästen, heute eher Handtaschen, Schuhe und Brieftaschen.

Rekorde

Es gibt viele unterschiedliche Haie mit fast ebenso vielen interessanten Rekorden – vom größten zum kleinsten, vom häufigsten bis zum seltensten.

Neben einem Walhai sieht ein Taucher ziemlich klein aus.

Walhaie bringen die meisten Jungen zur Welt. Ein einziger Wurf kann aus mehreren hundert Babys bestehen.

Einer der seltensten Haie ist der mysteriöse Riesenmaulhai. Er wurde 1976 entdeckt und seither erst 14-mal gesehen.

Mit 14 m Länge ist der Walhai der größte Hai. Damit hält er auch den Rekord für den größten Fisch der Weltmeere.

Makohai

Riesenmaulhai

Der Makohai hält den Geschwindigkeitsrekord; er schafft kurzfristig 100 km/h. Auch der Blauhai und der Heringshai sind ähnlich schnelle Schwimmer.

Ein Weißer Hai ist groß, kräftig und gefährlich.

Dornhaie werden besonders alt. Gewöhnlich erreichen sie ein Alter von rund 70 Jahren, es gibt aber auch Dornhaie, die bis zu 100 Jahre alt werden.

Dornhaie sind auch die häufigsten Haie. Da sie jedoch stark vom Menschen gejagt werden, hat ihre Zahl in den letzten Jahren rapide abgenommen.

Die kleinsten Haie sind der Zwerghai und der Leucht-Tiefseehai. Beide werden nur 16–22 cm lang.

Die großen Weißhaie gelten als besonders gefährlich. Sie haben in den 1990er-Jahren mindestens zehn Menschen getötet.

Die Eishaie leben in den kältesten Gewässern. Der Grönlandhai bewohnt die Gewässer am Nordpol. Kaltes Wasser mögen aber auch andere Haie, wie der Heringshai.

Der riesige Megalodon, der nur als Fossil bekannt ist, dürfte der größte Hai aller Zeiten gewesen sein. Er wurde 15 m lang und hatte Zähne so groß wie eine Hand.

Ein Zahn des Megalodon.

Worterklärungen

Hier werden einige der Wörter und Begriffe erklärt, die hier oder in anderen Büchern über Haie verwendet werden. Wörter in *kursivem Druck* werden als eigenes Stichwort erklärt.

Afterflosse Eine einzelne Flosse kurz vor dem Schwanz des Hais.

Art Die kleinste Einheit der Verwandtschaft bei Pflanzen und Tieren; nur die Mitglieder derselben Art können Nachwuchs bekommen.

Aussterben Ein langsamer oder schnellerer Prozess, der dazu führt, dass eine *Art* vollständig von der Erde verschwindet.

Bartel Ein fleischiger Hautfortsatz am Maul mancher Haie, mit dem sie nach Nahrung tasten.

Bauchflossen Die beiden hinteren Flossen eines Hais vor der *Afterflosse*.

Bedroht Tiere oder Pflanzen, deren Zahl rapide abnimmt; vom Aussterben bedrohte *Arten* könnten sogar bald von der Erde verschwinden.

Beute Ein Tier, das von einem Raubtier als Nahrung gejagt wird.

Brustflossen Die beiden vorderen Flossen eines Hais, direkt hinter den *Kiemenspalten*.

Dotter Gelbe Flüssigkeit im Ei, die einem wachsenden Baby als Nahrung dient.

Dottersack Dünne Schicht, die den Dotter in einem Ei umgibt.

Elektrischer Sinn Mit Hilfe der schwarzen Punkte oder Poren (den so genannten Lorenzinischen Ampullen) auf seinem Kopf nimmt ein Hai die schwachen elektrischen Signale anderer Tiere wahr.

Filtrierer Haie, die ihre Nahrung, z. B. *Plankton*, aus dem Wasser filtern; dazu verwenden sie oft *Kiemenreusen*.

Fressrausch Haie, die bei großem Beuteangebot Blut im Wasser bemerken, sind so erregt, dass sie alles angreifen, was ihnen in den Weg kommt – sogar Artgenossen.

Globale Erwärmung Langsame Zunahme der Temperatur der Erde; zum Teil durch Treibhausgase verursacht.

Hautzähnchen oder Dentikel Kleine, hornartige Vorsprünge auf der Haihaut. Sie schützen den Hai vor Verletzungen und verstärken seine Stromlinienform.

Kiemen Von Meerwasser überströmter Körperteil, mit dem Haie und andere Fische Sauerstoff aus dem Wasser holen.

Kiemenreuse Festes, kammartiges Gebilde vor den Kiemen, mit dem die Filtrierer Plankton aus dem Wasser sieben.

Kiemenspalten Öffnungen hinter den Augen eines Hais; darunter sitzen die Kiemen. Die meisten Haie haben fünf Kiemenspalten, einige sechs oder sieben.

Knorpel Festes, aber biegsames Material, aus dem das Skelett eines Hais besteht.

Koralle Das Kalkskelett von winzigen Tieren, den Korallenpolypen.

Korallenriff Aus Skeletten von Korallen bestehende Erhebung im Meer.

Lebensraum Der Ort, an dem bestimmte Pflanzen und Tiere leben.

Markieren Forscher versehen Tiere, auch Haie, mit Schildchen aus Plastik oder Metall, auf denen wichtige Informationen stehen. Wird das Tier später gefangen, kann man daraus seine Schlüsse ziehen.

Meeresströmung Andauernder Fluss von Meereswasser.

Naturschutz Der Schutz und die Erhaltung von natürlichen Lebensräumen und den Pflanzen und Tieren, die darin leben.

Nickhaut Eine dünne Hautschicht, die manche Haie zum Schutz vor Verletzungen über ihre Augen ziehen können.

Paarung Vereinigung eines männlichen Hais mit einem weiblichen Hai, um Junge zu bekommen.

Plankton Sehr kleine Pflanzen oder Tiere, die in den obersten Schichten des Meeres treiben.

Polare Regionen Regionen um den kalten Nord- oder Südpol.

Raubtier Ein Fleisch fressendes Tier, das andere Tiere jagt und tötet.

Riff Eine Erhebung im Meer, die aus Sand, Felsen oder Korallen bestehen kann. Die Oberfläche eines Riffs liegt meist dicht unter der Wasseroberfläche.

Rückenflosse Große, meist dreieckige Flosse auf dem Rücken der Haie. Sie hilft dem Hai, die Balance zu halten.

Schule Eine Gruppe von Fischen oder anderen Meerestieren, die zusammen schwimmen.

Seitenlinie Röhren direkt unter der Haut eines Hais, die sich längs dem Körper erstrecken. Über die Seitenlinien bemerkt ein Hai leiseste Bewegungen im Wasser.

Spritzloch Eine kleine, runde Öffnung hinter den Augen eines Hais. Damit kann er atmen, ohne das Maul zu öffnen.

Tapetum lucidum Eine reflektierende Schicht hinter dem Auge; so fällt das Licht zweimal durch die Sehzellen und die Haie können selbst im Dämmerlicht noch sehen.

Tarnung Körperzeichnungen, die einem Hai helfen, mit dem Untergrund zu verschmelzen.

Tropische Regionen Heiße und feuchte Regionen beiderseits des Äquators.

Umwelt Die natürliche Umgebung, in der Pflanzen, Tiere und Menschen leben.

Umweltverschmutzung Vom Menschen erzeugter Abfall, der in die *Umwelt* gelangt, sie vergiftet und Tiere und Pflanzen töten kann.

Wanderung Tiere, die sich regelmäßig von einem Lebensraum in einen anderen bewegen, unternehmen eine Wanderung.

Winterruhe Eine Ruhepause, die manche Tiere während des Winters einlegen. Sie kann mehrere Monate andauern.

Register

Fotos

(o = oben, u = unten, l = links, r = rechts, M = Mitte)

Umschlag: James Watt/Planet Earth Pictures; Seite 1: Richard Herrmann/Innerspace Visions; Seite 2 M.: Steve Drogin/Innerspace Visions; Seite 3 ur.: Walt Steams/Innerspace Visions; Seite 4 M.: Franco Banfi/Innerspace Visions; Seite 4 ul.: Bob Cranston/Innerspace Visions; ur.: Doug Perrine/Innerspace Visions; Seite 5 or.: Tom Campell/Innerspace Visions; Seite 5 ur.: Digital Vision ©; Seite 6–7 M.: Doug Perrine/Innerspace Visions; Seite 8 M.: James D. Watt/Innerspace Visions; Seite 9 o.: Doug Perrine/Innerspace Visions; Seite 9 ur.: Jeffrey Jaskolski/Innerspace Visions; Seite 10 M.: James Watt/Innerspace Visions; Seite 10 ul.: Doug Perrine/Innerspace Visions; Seite 11 ur.: Bill Harrigan/Innerspace Visions; Seite 12 ul.: Marty Snyderman/Innerspace Visions; Seite 12 or.: Jeff Rotman/Innerspace Visions; Seite 13 o.: David Fleetham/Innerspace Visions; Seite 13 ur.: Norbert Wu/Innerspace Visions; Seite 14 M.: Jeff Rotman/Innerspace Visions; Seite 15 ur.: Doug Perrine/Innerspace Visions; Seite 16 ol.: Bob Cranston/Innerspace Visions; Seite 16ul.: David Fleetham/Innerspace Visions; Seite 17 ol.: Doug Perrine/Innerspace Visions; Seite 17 or.: Mark Conlin/Innerspace Visions; Seite 17 ur.: Ardea/Ron und Valerie Taylor; Seite 18 r.: James D. Watt/Innerspace Visions; Seite 19 M.: Steve Drogin/Innerspace Visions; Seite 20 M.: Michael Jozon/Innerspace Visions; Seite 21 or.: Jeff Rotman/Innerspace Visions; Seite 21 u.: Doug Perrine/Innerspace Visions; Seite 22 o.: © AFP/Corbis; Seite 22 ul.: Mark Conlin/Innerspace Visions; Seite 23 or.: Nigel Marsh/Innerspace Visions, Seite 23 u.: Mark Conlin/Innerspace Visions; Seite 24 l.: James D. Watt/Innerspace Visions; Seite 24–25 M.: Kelvin Aitken/Still Pictures; Seite 26 M.: Ben Cropp Productions/Innerspace Visions; Seite 27 o.: Doug Perrine/Innerspace Visions; Seite 27 u.: Doug Perrine/Innerspace Visions; Seite 28 u.: Mark Strickland/Innerspace Visions; Seite 29 or.: Tom Haight/Innerspace Visions, Seite 29 u.: Jeff Rotman/BBC Natural History Unit Picture Library; Seite 30 o.: James D. Watt/Innerspace Visions; Seite 31 o.: David B. Fleetham/Innerspace Visions; Seite 31 ul.: Howard Hall/Innerspace Visions; Seite 32 M.: Doug Perrine/Innerspace Visions; Seite 33or.: Nicholas Penn/Planet Earth Pictures; Seite 33 M.: Marty Snyderman/Innerspace Visions; Seite 34 M.: Kurt Amsler/Innerspace Visions; Seite 34 u.: Doug Perrine/Innerspace Visions; Seite 35 o.: David B. Fleetham/Innerspace Visions; Seite 35 u.: Telegraph Colour Library/Gary Bell; Seite 36 o.: Doug Perrine/Innerspace Visions; Seite 36 ul.: Gary Adkinson/Innerspace Visions; Seite 36 uM.: Jeff Rotman/Innerspace Visions; Seite 37 u.: Marty Snyderman/Innerspace Visions; Seite 38 or.: Mark Conlin/Innerspace Visions; Seite 39 o.: Doug Perrine/Innerspace Visions; Seite 39 ur.: © Patrice Ceisel/Stock/Boston; Seite 40 l.: Michael Nolan/Innerspace Visions; Seite 40 ul.: Richard Herrmann/Innerspace Visions; Seite 41 M.: Howard Hall/Innerspace Visions; Seite 42 or.: Chris Huss/Innerspace Visions; Seite 42 M.: Rudie Kuiter/Innerspace Visions; Seite 43 or.: Norbert Wu/Innerspace Visions; Seite 44 ol.: Ardea/Ron und Valerie Taylor; Seite 44 u.: Georgette Douwma/Planet Earth Pictures; Seite 45 M.: D. D. Seifert/Planet Earth Pictures; u. NHPA/ANT; Seite 46 M.: Richard Herrman/Innerspace Visions; Seite 47 o.: James D. Watt/Innerspace Visions; Seite 47 mr.: Gwen Lowe/Innerspace Visions; Seite 47 uM.: Los Alamos National Laboratory/Science Photo Library; Seite 48 o.: Doug Perrine/Innerspace Visions; Seite 48 ml.: Bob Cranston/Innerspace Visions; Seite 49 or.: © Jeffery L. Rotman/Corbis; Seite 49 u.: Amos Nachoum/Innerspace Visions; Seite 50 o.: © Jeffery L. Rotman/Corbis; Seite 50 u.: Mark Strickland/Innerspace Visions; Seite 51 o.: © Tony Arruza/Corbis; Seite 51 u.: Richard Herrmann/Innerspace Visions; Seite 52 M.: Doug Perrine/Innerspace Visions; Seite 53 o.: © Jeffery L. Rotman/Corbis; Seite 53 u.: Bill Harrigan/Innerspace Visions; Seite 54 o.: © Stephan Frink/Corbis; Seite 54 ur.: Ardea/Ian Beames; Seite 55 o.: © Lowell Georgia/Corbis; Seite 55 u.: Doug Perrine/Innerspace Visions; Seite 56 or.: © Jonathan Blair/Corbis; Seite 56 u.: Chris Huss/Innerspace Visions; Seite 56–57 M.: David B. Fleetham/Innerspace Visions; Seite 57 o.: Ferrari/Watt/Innerspace Visions; ur.: © Jeffery L. Rotman/Corbis; Seite 58 o.: David B. Fleetham/Innerspace Visions; Seite 58 mr.: David Hall/Innerspace Visions; Seite 58 ul. Bruce Rasner/Innerspace Visions; Seite 59 o.: David B. Fleetham/Innerspace Visions; Seite 59 uM.: Bob Cranston/Innerspace Visions

Bibliografische Information der Deutschen Bibliothek

Die Deutsche Bibliothek verzeichnet diese Publikation in der Deutschen Nationalbibliografie; detaillierte bibliografische Daten sind im Internet über **http://dnb.ddb.de** abrufbar.

3 2 1   07 06 05

© 2005 Ravensburger Buchverlag Otto Maier GmbH für die deutsche Ausgabe
Titel der Orginalausgabe: Usborne Discovery Internet-Linked: Sharks
© 2000 Usborne Publishing Ltd., London
Text: Jonathan Sheikh-Miller
Illustrationen: John Woodcock
Übersetzung: Wolfgang Hensel
Umschlaggestaltung: Dirk Lieb
Redaktion: Marion Diwyak
Printed in Germany
ISBN 3-473-35962-9
www.ravensburger.de